La Declaración de Independencia
The Declaration of Independence

Escrito por Melinda Lilly/Written by Melinda Lilly
Ilustrado por Marty Jones/Illustrated by Marty Jones

Consultores educativos/Consulting editors
Kimberly Weiner, Ed.D.
Betty Carter, Ed.D.

Rourke
Publishing LLC

Vero Beach, Florida 32963

www.rourkepublishing.com

Para Michee, Jeremie, Dorcelle y Grace Lotemo, ciudadanos recientes de Estados Unidos.
For Michee, Jeremie, Dorcelle and Grace Lotemo, recent citizens of the United States.
—M. J.

Designer: Elizabeth J. Bender

Library of Congress Cataloging-in-Publication Data

Lilly, Melinda.
  [Declaration of Independence. Bilingual. Spanish/English]
    La Declaración de Independencia / Melinda Lilly; illustrated by Marty Jones.
    p. cm. — (Lecturas históricas norteamericanas)
  ISBN 1-59515-641-0 (hardcover)

Ilustración de la cubierta: Thomas Jefferson frente al Salón de la Independencia, con la Declaración de Independencia.
Cover Illustration: Thomas Jefferson stands in front of Independence Hall with the Declaration of Independence.

Printed in the USA

Cronología
Time Line

Ayude a los estudiantes a seguir esta historia, presentándoles eventos importantes en la Cronología.
Help students follow this story by introducing important events in the Time Line.

1774	Se reúne el Primer Congreso Continental.
1774	First Continental Congress meets.
1775	La batalla de Concord y Lexington
1775	The Battle of Concord and Lexington
1776	Thomas Jefferson escribe la Declaración de Independencia.
1776	Thomas Jefferson writes the Declaration of Independence.
1776	El Congreso Continental adopta la Declaración de Independencia.
1776	The Continental Congress adopts the Declaration of Independence.
1783	Termina la Guerra de Independencia.
1783	Revolutionary War ends.
1797	John Adams se convierte en el segundo presidente de Estados Unidos.
1797	John Adams becomes the second president of the United States.
1801	Thomas Jefferson se convierte en el tercer presidente de Estados Unidos.
1801	Thomas Jefferson becomes the third president of the United States.

Transcurre el año de 1776.
Inglaterra gobierna **Norteamérica**.

The year is 1776.
England rules **America**.

Los **soldados** ingleses en Norteamérica
English **soldiers** in America

Mucha gente en Norteamérica quiere
liberarse de Inglaterra.

Many in America want to be free
of England.

Hombres que quieren ser soldados norteamericanos
Men who want to be American soldiers

8

John Adams le pide a **Thomas Jefferson** que escriba la **Declaración de Independencia**. Ésta explicará por qué los norteamericanos quieren ser libres.

John Adams asks **Thomas Jefferson** to write the **Declaration of Independence**. It will tell why Americans want to be free.

Thomas Jefferson y John Adams
Thomas Jefferson and John Adams

"Lo haré lo mejor que pueda",
dice Jefferson.

"I will do as well as I can," says Jefferson.

Thomas Jefferson

Jefferson escribe durante 18 días.

Jefferson writes for 18 days.

En el cuarto de Jefferson
In Jefferson's room

Jefferson lleva la Declaración de
Independencia al **Congreso Continental**.

Jefferson takes the Declaration of
Independence to the **Continental Congress.**

Jefferson va al Salón de la Independencia.
Jefferson goes to Independence Hall.

El Congreso vota por la Declaración
de Independencia.

The Congress votes on the Declaration of
Independence.

La votación
The vote

18

¡La votación dice que sí! Ahora todos sabrán por qué Norteamérica debe ser libre.

The vote is yes! Now all will know why America must be free.

¡Sí!
Yes!

Es el 4 de julio de 1776:
¡el **Día de la Independencia!**

It is July 4, 1776—**Independence Day**!

Después de la votación
After the vote

Lista de palabras
Word List

Adams, John — segundo presidente de Estados Unidos
Adams, John (AD emz, JON) — Second president of the United States

Congreso Continental — grupo legislativo que se reunió en Norteamérica durante y después de la Guerra de Independencia
Continental Congress (kon ten EN tul KON gress) — A legislative group that met in America during and after the Revolutionary War

Declaración de Independencia — documento por el cual el Congreso Continental declaró que las colonias norteamericanas eran libres de Inglaterra.
Declaration of Independence (dek leh RAY shun OV in dih PEN dens) — The document by which the Continental Congress declared the American colonies to be free of England.

Inglaterra — parte del país de Gran Bretaña y el Reino Unido
England (ING glund) — Part of the country of Great Britain and the United Kingdom

Día de la Independencia — 4 de julio de 1776, día en que el Congreso Continental adoptó la Declaración de Independencia
Independence Day (in dih PEN dens DAY) — July 4, 1776, the day that the Continental Congress adopted the Declaration of Independence

Jefferson, Thomas — tercer presidente de Estados Unidos, que redactó la Declaración de Independencia
Jefferson, Thomas (JEF er sen, TOM us) — The third president of the United States, Thomas Jefferson wrote the Declaration of Independence.

soldados — personas que sirven en lo militar
soldiers (SOLE jerz) — People who serve in the military

Libros recomendados
Books to Read

Barrett, Marvin. *Meet Thomas Jefferson*. Random House, 2001.

Freedman, Russell. *Give Me Liberty: The Story of the Declaration of Independence*. Holiday House, 2001.

Jones, Veda Boyd. *Thomas Jefferson: Author of the Declaration of Independence.* Chelsea House, 2000.

Walker, Jane C. *John Adams*. Enslow Publishers, 2002.

Sitios de internet
Websites to Visit

www.loc.gov/exhibits/jefferson/

www.nara.gov/exhall/charters/declaration/decmain.html

www.nara.gov/exhall/charters/declaration/dechist.html

http://memory.loc.gov/const/abt_declar.html

www.ibiscom.com/jefferson.htm

Índice

Index